NOTICE

SUR

Lazare BRUANDET

Peintre de l'École Française

1753 — 1803

Par Charles ASSELINEAU.

———◆———

Prix : 1 franc.

———◆———

PARIS,

DUMOULIN, libraire, quai des Augustins, 13.

—

1855.

Tiré à 100 exemplaires, dont 10 sur papier
de fil.

NOTICE

SUR

Lazare BRUANDET

Paysagiste, graveur à l'eau forte.

———❖———

En écrivant cette notice, je n'ai pas pour but de provoquer l'éclat d'une réhabilitation ; je veux seulement réclamer dans l'histoire de notre école une place pour un artiste dont les travaux l'ont honorée, et dont le nom se lit journellement depuis un demi-siècle dans les catalogues et sur les affiches de vente.

Lazare BRUANDET, mort en 1803, à l'âge de cinquante ans (1), est représenté au Louvre par une toile importante, et ses tableaux, recherchés des amateurs, se soutiennent dans les ventes publiques à côté des meilleures productions de son époque.

D'où vient donc cet oubli injuste, du moins cette négligence envers un artiste dont la signature a une valeur quotidiennement appréciée? D'où vient que ni la Biographie universelle, ni aucun des recueils analogues ne fait mention de son nom ? Un paragraphe de six lignes dans le dictionnaire allemand de Nagler, une note insignifiante de Landon, une phrase de Gault-de-Saint-Germain, dans les *Trois Siècles de la peinture*, sont tout ce que j'ai trouvé d'imprimé relativement à Bruandet et qu'il m'a fallu compléter par des recherches à travers les catalogues et par des appels à la mémoire des rares contemporains encore existants de ce peintre (2).

---

(1) Dans l'acte mortuaire, en date du 6 germinal an XII, on apprend que Bruandet était né à Paris et avait épousé Catherine Linger. Les témoins qui ont signé sont : 1.º Thiérard, sculpteur ; 2.º Bechet-Taigny, employé. — Il n'est fait nulle part mention du sculpteur Thiérard.

(1) Je dois citer particulièrement M. Bertrand, marchand de tableaux, à la bonne volonté duquel je suis redevable de la plupart des détails intimes que l'on trouvera dans cette notice.

Malgré le zèle que j'ai mis dans mes re-cherches, je ne me dissimule pas l'insuffi-sance du résultat obtenu. Le peu de succès qu'on doit attendre d'un travail incomplet ne m'a pas arrêté, et je m'estimerai encore heureux si la tentative que je fais aujour-d'hui peut donner l'éveil à la critique, et provoquer la publication de documents plus nombreux et plus importants que ceux que j'ai pu réunir.

Il ne me paraît pas, d'ailleurs, que l'école française soit assez riche en talents de ce genre et de cette valeur, pour qu'on ne puisse croire rendre un service en fournissant à son histoire des documents, même in-complets.

La France qui a la gloire de posséder dans deux ordres différents les deux plus grands paysagistes du monde — Poussin et Claude Gellée, — n'a pas, comme la Hollande, le bonheur de pouvoir rattacher à ces deux grands hommes une succession plus ou moins directe, plus ou moins sou-tenue, de talents rivaux. L'école du paysage en France n'a pas de tradition. Avant Poussin, le paysage n'entre dans la pein-ture que comme accessoire. Les peintres du siècle précédent obéissant en quelque sorte plus naïvement à la tendance du génie fran-çais, génie plus observateur et philoso-

phique que contemplatif, s'attachent de
préférence à l'étude du visage humain
et du geste, plutôt qu'à pénétrer le charme
toujours un peu abstrait des beautés de la
nature. Après Poussin, après Claude, le
paysage rentre dans l'élément décoratif.
Peut-être en faut-il chercher la raison dans
l'ascendant personnel que Lebrun, peintre
d'histoire, exerça sur toutes les branches
de l'art pendant le règne de Louis XIV;
peut-être aussi la faut-il demander à l'in-
fluence des époques guerrières sur les
beaux arts, qu'elles entraînent toujours
plutôt vers l'action et le mouvement que
vers la rêverie. Le paysage pendant toute
cette période sert de fond aux batailles de
Van der Meulen, d'encadrement aux vues
des châteaux de France de Meusnier et de
Cotelle. Il prend l'apparence des plans exécutés pour le dépôt de la guerre.

Allegrin, Lantara, l'un esprit méthodi-
quement poétique, l'autre capricieux et
fantasque, ne peuvent, malgré leurs qualités originales, prendre rang qu'en second
et même en troisième ordre.

Les paysages de Watteau, si pleins d'en-
chantements, échappent par la fantaisie à
toute classification; ceux-là encore rentrent
dans le style décoratif. Dans la seconde
moitié du 18.ᵉ siècle, Vernet et Louther-

bourg, sans doute inspirés par la philoso-
phie naturaliste du temps, restaurent le
genre paysage.

Bruandet, né vraisemblablement en 1754,
se place après ces deux artistes avec une
originalité particulière. Vernet, le peintre
officiel des Ports de France, se plaît aux
compositions et aux effets dramatiques.
Loutherbourg cherche le pittoresque dans
les étables, dans les parcs et aussi sur les
bords de la mer. Bruandet, le premier,
s'attache à rechercher le côté intime de la
nature, et, sûr de le trouver partout, le
demande à la campagne des environs de
Paris ; le bois de Boulogne, le bois de Vincennes, et cette forêt de Fontainebleau qui
devait être le berceau de notre école mo-
derne de paysage, sont ses ateliers de pré-
dilection.

Bruandet représente la résistance contre
la manière académique de Valenciennes,
continuée par Michallon, et proteste
d'avance contre l'envahissement du roman-
tisme superficiel de MM. Watelet et Giroux.

Dans la galerie française du Louvre, à
l'avant-dernière salle, l'on voit entre deux
portraits de M.me Vigée-Lebrun, un paysage
d'assez grande dimension, simplement
peint, quoique avec une extrême habileté.
Ce paysage est sans figures, ainsi que la

plupart de ceux du même artiste; ce qui prouve, non pas qu'il fût incapable d'en faire (l'habileté de son dessin, son adresse d'exécution, réfutent suffisamment ce soupçon), mais que peut-être il sentait que la grandeur des effets de la nature peut se passer de tout autre élément d'intérêt (1). Ce tableau est resté longtemps anonyme. Depuis 1848, l'administration a fait inscrire sur la bordure le nom de l'auteur. Il a été vendu au musée par M. Bertrand, marchand de tableaux, qui fut longtemps l'ami et le camarade de Bruandet.

Je crois que, sans sortir de la collection Bertrand, on eut pu faire un meilleur choix. Ce tableau toutefois, mérite un intérêt sérieux, d'abord par le contraste qu'il présente avec ceux de la même époque, ensuite en ce qu'il est véritablement le seul paysage de la galerie française qui réponde à l'idée que nous nous formons actuellement du genre, et qui rappelle les qualités et le sentiment des œuvres des bons maîtres de l'école flamande. Nous croyons qu'un œil exercé y reconnaîtrait facilement un des

---

(1) Les figures qu'il plaçait dans ses tableaux, probablement pour en faciliter la vente, sont rarement de lui; il les faisait faire par ses amis, Taunay, Swebach, etc.

sites de la forêt de Fontainebleau, dont la nature y est lisiblement caractérisée.

Bruandet eut pour maître successivement ROESER, paysagiste allemand, qui vint s'établir à Paris et y mourut fort âgé, dit Nagler, en 1796, puis Jean-Philippe SARRAZIN, peintre français, graveur à l'eau forte, mort en 1795.

Le premier de ses ouvrages qu'on se rappelle avoir vu figurer dans une exposition publique, et qui a reparu récemment dans une vente, représentait un *Effet de printemps*. Il parut à cette exposition, dite *de la Jeunesse*, instituée dans une pensée de réaction contre les priviléges de l'Académie royale, et qui fut supprimée, ainsi que toutes les expositions particulières, lors de l'établissement de l'exposition générale du Louvre en 1791.

« L'Exposition de *la Jeunesse* avait lieu, dit Gault de Saint-Germain, tous les ans, à la place Dauphine, dans l'angle du nord, le jour de la petite Fête-Dieu, depuis six heures du matin jusqu'à midi. Les tableaux et dessins s'attachaient sur les tentures des tapisseries exigées par la police sur le passage de la procession du Saint-Sacrement. Beaucoup de gens de talent y ont débuté. La révolution ayant fait disparaître ce vieil usage, on essaya de le faire revivre dans un local plus commode : une exposition eut lieu hôtel de Cléry, rue du Gros-Chenet, etc. »

La révolution, comme je l'ai dit, supprima toutes ces expositions particulières (celle de l'Académie de Saint-Luc, etc., etc.), et par un décret en date du 27 août 1791, l'assemblée nationale ordonna que *tous les artistes, français ou étrangers, membres ou non de l'Académie de peinture et de sculpture, seraient également admis à exposer leurs ouvrages dans la partie du Louvre destinée à cet objet* (1).

Nous pouvons dès lors, à l'aide des livrets d'exposition, nous tenir au courant des travaux de Bruandet.

1791.

Bruandet (rue des Cordeliers 18).

N.º 35. — Un Paysage.

N.º 157. — Vue prise dans la forêt de Fontainebleau.

N.º 187. — Paysage. — Masure.

N.º 786. — Grand Paysage.

1793 (an II).
(Même adresse).

N.º 110. — Forêt de Fontainebleau.

N.º 278. — Des Chartreux dans une forêt.

(1) Voir le décret et l'introduction en tête du livret de l'année 1791.

N.º 281. — Vue de la forêt (*sic*) du bois
de Boulogne.

N.º 478. — *Idem.*

N.º 502. — Vue de Montigny.

N.º 600. — Un Paysage.

L'exposition de cette année est ainsi jugée dans une brochure anonyme intitulée : *Explication par ordre de numéros et Jugement motivé des ouvrages de peinture et de sculpture, etc., exposés au Palais national des arts, précédés d'une Introduction.* Paris, H.-J. Jeanson.

« N.º 110. — Vue de la forêt de Fon-
» tainebleau, par Bruandet. Une touche
» agréable et fine, une couleur vraie; il y
» a de la profondeur dans cette forêt. La
» lumière du soleil y est bien rendue sur le
» chemin.

« N.º 278. — Couleur vraie et vigou-
» reuse; faire large et varié; figures bien
» dessinées et éclairées.

« N.º 281. — Vue, etc.; digne du talent
» de Bruandet, etc., etc. »

An IV.
(Même adresse que ci-dessus.)

Un seul tableau, sous le n.º 58, représentant une Forêt dans laquelle on aperçoit
une chasse au cerf ;

Appartient, dit la note, au cit. Masson, marchand de tableaux.

An V.

BRUANDET (barrière de Charonne-Fontarabie)
N.º 75. — Deux tableaux, même numéro :
Vue des prés Saint-Gervais ; — Un Bois.

An VIII.

(Cloître Saint-Honoré, maison du Méridien).
N.º 700. — Paysage, une Forêt.
N.º 701. — Deux Paysages ; fig. de
Swebach.

An IX.

Paysage. Entrée de forêt.

An XII.

N.º 68. — Intérieur de forêt.

Cette année est celle de la mort du peintre, arrivée non pas en pluviôse, comme dit le livret, mais le 5 germinal, selon l'acte de l'état civil. La note du livret ajoute que le tableau exposé appartient à sa veuve, « qui » a chargé M. Swebach de le vendre, ainsi » que plusieurs autres de son époux. »

On trouvera dans les catalogues de vente l'indication de nombreux ouvrages de Bruandet.

Je cite seulement ceux du cabinet de Robert de Saint-Victor, par Roux (du Cantal), 1823 . Paysage boisé à droite et à gauche et traversé par un chemin; fig. de Swebach. H. 12 c., L. 10 c., n.° 503 ; — de Bruan-Neergand, par Regnaud-Delalande, 1814 : Trois tableaux et plusieurs dessins, n.° 53 ; — Six autres dessins attribués au même maître, *sic*; du cabinet de M.***, par Pailliet, 1787 : Un tableau n.° 234; autre catalogue rédigé par le même, du 17 mars 1789 : Forêt épaisse, sur le devant, un homme et une femme conduisant un âne chargé de fagots. Toile, H. 20 c., L. 18 c.

Le catalogue du célèbre cabinet de Lebrun, vendu en 1791, note deux tableaux de Bruandet; l'un, peint *d'après nature* à Fontainebleau, avec figures de Taunay, H. 50 c., L. 69 c.; l'autre : Intérieur de forêt, avec figures et animaux.

J'ai vu des tableaux de Bruandet dans plusieurs cabinets de Paris.

Les plus importants sont ceux possédés par M. Bertrand : Une vue de Fontainebleau, panneau; une Vue du bois de Boulogne, aussi sur panneau; une petite toile représentant un bois au bord d'une rivière, d'un style sévère.

Les deux panneaux sont de grandes dimensions.

M. Bertrand m'a dit, en outre, avoir vendu, il y a quelques années, quatorze tableaux de Bruandet à un amateur russe.

M. O'Reilly, l'un des fondateurs de *La Vie des peintres*, est possesseur d'une œuvre fort importante. Ce tableau, dont le sujet est certainement composé, dénote que Bruandet se préoccupait de temps à autre du grand style. Il rappelle les morceaux de réception à l'Académie; le souvenir de Claude Lorrain y est évident.

Je citerai encore une belle gouache appartenant à M. Fossé-Darcosse; un tableau de petite dimension, du cabinet de M. Julian, etc., etc.

La Bibliothèque impériale possède en tout huit pièces gravées à l'eau-forte par Bruandet, dont deux doubles.

De ces huit pièces, trois seulement sont signées, trois autres sont douteuses; les deux dernières, quoique sans signature, paraissent authentiques, au jugement si compétent du savant M. Charles Leblanc.

La première estampe représente un dessous de bois, avec une figure sur la droite; la seconde, un chemin sous bois; la troisième, un troupeau de bœufs et un bouvier sortant d'une forêt, portant évidemment le caractère de la nature de Fontainebleau; la huitième, où l'on voit une figure assise au pied d'une pyramide, pourrait être un souvenir de Vincennes.

On retrouve dans le faire de ces gravures la même justesse de sentiment, la même adresse de main que j'ai déjà signalées. Les effets les plus doux, les plus harmonieux y sont obtenus par un travail extrêmement habile de petites hachures parallèles, fines et serrées; à la délicatesse des fonds, à la bonne tonalité des détails, on reconnaît un artiste habitué, par l'étude assidue de la nature, à noter les valeurs avec précision.

Les œuvres de Jean Both, de Loutherbourg et de Sarrasin, maître de l'artiste, peuvent donner une idée de la qualité de ces eaux fortes.

Le cabinet possède encore trois pièces gravées d'après Bruandet par Guyot et Boucher (1)

---

(1) Nagler pense que Bruandet est le même que Brunandot, d'après lequel Piquenot a gravé les *Restes de l'Abbaye du Paraclet* et autres pièces du même genre. — Le catalogue raisonné des estampes de la Bibliothèque du Palais des arts de Rouen, par F. Rolle (in-8.° 1854). mentionne deux gravures d'après Bruandet : l'une, signée de Guyot ainé, l'autre sans marque.

Bruandet travaillait ordinairement fort vîte.

Il passait le plus qu'il pouvait de son temps dans ses ateliers d'élection, à Fontainebleau, à Vincennes, au bois de Boulogne, aux prés Saint-Gervais.

Dès qu'il se sentait pressé par le besoin d'argent, il s'en revenait s'enfoncer dans son logement de la barrière de Charonne, et là, en quelques jours, il abattait une quantité de petits panneaux qu'il livrait aussitôt au commerce. J'ai vu passer dans les ventes un nombre considérable de ces petits panneaux, pour la plupart non signés. Il est vraisemblable que le peintre les considérait comme des ouvrages sans importance exécutés rapidement, pour le besoin.

Il reçut un jour, dans une circonstance pareille, la visite d'un marchand de tableaux avec qui il était en relations d'affaires.

Une demi-douzaine, une douzaine peut-être de panneaux, peints de la veille, étaient étalés sur le chevalet.

Le marchand, sachant que Bruandet n'entreprenait jamais cette besogne que par nécessité, résolut de spéculer sur sa mauvaise situation et offrit un prix minime.

Bruandet, cependant, se récrie, et, pour

affriander l'acheteur, dispose les panneaux à terre le long du mur, les uns près des autres.

Le marchand tient bon :

« Eh bien ! s'écrie le peintre, dont cette boutade révèle la fougue un peu flamande, ils sont à toi ! »

Et d'un coup de pied, il envoie toute la file à travers la chambre.

———

J'ai vainement cherché un portrait de Bruandet : voici ce que j'ai pu recueillir de la bouche de ceux qui l'ont connu, sur sa personne et son caractère.

Bruandet était boiteux; quelques-unes des personnes que j'ai consultées me l'ont représenté comme une espèce de Lantara, vivant sans façon et sans souci, et fêtant volontiers la bouteille. D'autre part, un amateur distingué et renommé, M. le baron de Vèze, qui l'a vu dans sa vieillesse chez le peintre Debucourt, m'assure qu'il était de fort aimable et très-bonne compagnie. — Il avait, me dit-il, une belle figure, encadrée, comme celle de Demarne, de longs cheveux blancs.

Mieux initiés aujourd'hui, en raison de la faveur du genre, à la manière de vivre des paysagistes, nous pouvons conclure que Bruandet, plus habitué à vivre dans les bois qu'à la ville, préférait les plaisirs de l'intimité aux succès du monde. C'était probablement un bon vivant, plus soucieux de se tenir en joie et en santé que de se montrer dans les salons.

Bruandet était lié avec la plupart des artistes en vogue de son temps, Debucourt, Taunay, Boilly, Swagers, etc.

Il ne paraît pas, malgré l'incertitude de sa vie, qu'il ait été de son vivant sans réputation. On m'a rapporté le mot suivant de Louis XVI revenant de la chasse :

« J'arrive de Vincennes; je n'y ai rencontré que des sangliers et Bruandet. »

Travaillant journellement dans les bois des environs de Paris, alors plus déserts qu'aujourd'hui, il y était fréquemment rencontré par ces bêtes qu'on y laissait en paix.

A ceux qui le plaignaient d'être ainsi troublé dans son travail, il répondait : « Mais non ! ils me connaissent; ils se disent : Voilà notre compère qui vient faire notre portrait; et, après avoir posé un instant, ils s'en vont comme ils sont venus. »

Bruandet, mort, comme on l'a vu, au

commencement de ce siècle, n'a pas laissé d'élèves avoués. Cette circonstance, jointe à l'obscurité de sa vie, son éloignement des honneurs académiques, témoignent de l'indépendance de son caractère et de son amour exclusif pour l'art.

Une lettre, écrite par M. Pierre Hédouin à M. Grille, ancien administrateur des Beaux-Arts, et que celui-ci a bien voulu me communiquer, m'apprend que Bruandet, sur la fin de sa vie, vendit pour 500 fr. à un amateur, cinq tableaux, dont un fort remarquable.

« Lorsque Bruandet, ajoute M. Hédouin, vendit ces toiles à mon oncle, il était fort vieux et fort peu à son aise. L'école de David pesait de tout son poids sur l'art en France, et Bruandet et Watteau même se donnaient pour rien. »

Là, sans doute, est la cause de l'oubli où Bruandet est tombé. Il serait donc juste, aujourd'hui que le goût public s'est éloigné des combinaisons mélodramatiques et pédantes de Michallon et de Blondel, de restaurer son nom et de lui rendre sa place.

La peinture de Bruandet est empreinte de la grande qualité qu'on retrouve constamment dans les œuvres des grands peintres qui ont travaillé en face de la nature, chez les anciens comme chez les modernes, chez Corot comme chez Hobbema, l'impression, cette magie qui est au paysage ce que l'expression est au portrait. Toutefois, devant les tableaux de Bruandet, l'œil est quelquefois distrait de cette grande qualité par l'habileté un peu minutieuse de l'exécution.

Landon, Nagler, Gault de Saint-Germain sont unanimes à louer sa fidélité scrupuleuse, sa sincérité, son intelligence.

Un document important et que je n'ai pu découvrir est le catalogue dressé par Regnault-Delalande des tableaux et dessins vendus après son décès.

Charles ASSELINEAU

Alençon, chez POULET-MALASSIS et DE BROISE, Imprimeurs, Libraires et Lithographes.